Entre tú y yo

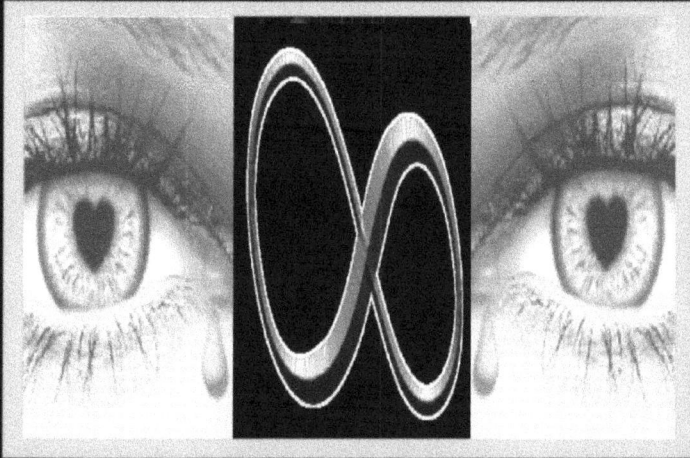

Daniel Rodríguez Herrera

Entre tú y yo

Diario de una pareja

DE

DANIEL RODRIGUEZ HERRERA

© Entre tú y yo

© Daniel rodríguez herrera

ISBN papel 978-84+686-5250-4

ISBN Epub 978-84-686-5251-4

Impreso en España

Editado por Bubok Publishing S.L.

Un día, en un lugar cualquiera, comenzó sin duda de amor esta novela, por un lado ella, una mujer de fina piel tersa y blanquecina a pesar de ser de zonas cálidas, de larga cabellera negra y grandes ojos oscuros que con su mirada traspasa el alma, labios carnosos y afresados con una silueta corporal digna del pecado.

Por otro lado este narrador resabido de la vida, con mas golpes que un saco de boxeo, hombre moreno de ojos verdes y blanca piel al cual la vida jamás trato bien, con una enfermedad mental acuestas y enamorado hacia tiempo, en silencio, de esta dama que os estaba contando. Pues bien yo vivo encerrado en una habitación sin más compañia que un ordenador personal por este medio comienza la historia que a continuación os quiero narrar.

Tras la vuelta casa de mis padres yo esquizofrénico, mi mujer me habia abandonado por otro y la vida que no me sonreía me enfrentaba yo a tribunales médicos y otras cosas para que resolvían hacer con mi vida, imaginaros un chico de apenas 26 años con la vida destrozada viendo en una habitación, sin más compañia que un ordenador, en mis ratos libres escribía pequeños poemas que para mí eran un desahogo, una forma de evadirme del mundo algunos reales otro inventados todo esto combinado con juegos de ordenador y chat donde pensaba conocer amigos y amigas para ocultar al mundo la soledad de mi vida en uno de estos chat conocía a Rocío, mujer que me gusto desde el primer momento que la vi, pero ella tenía pareja y yo no me podía meter en medio así que la observaba en la distancia, miraba sus cosas incluso le hablaba, ella leía los poemas que escribía aunque no le gustaban o al menos no me comentaba nada.

Pues bien escribiendo, escribiendo junte una cantidad considerable de poemas los cuales guardaba aun no sé porque, hasta que un día decidi mirar como publicarlos, y tras unos meses investigando descubrí una editorial la cual me los publicaría, que alegría la mía, en unos meses había conseguido que mis poemas pudieran ser leídos por otra gente, poemas angostos, de desamor y odio que en la vida por buena que sea siempre tenemos, me dediqué un mes más a montar dicho libro tenía que editarlo por completo así que me llevo un tiempo y al fin llego el gran día mi libro se ponía a la venta y ni mis padres lo sabían de este hecho, por lo cual imaginaros el gran alboroto, todo felicitaciones e intrigas pues para mi enfermo era un gran logro.

Esa misma noche, a las mil de la mañana que para mí ya eran, apunto estaba de irme a la cama después de estar todo el día de un lado a otro dando explicaciones, pero por fin estaba en la soledad de mi cuarto, frente a mi ordenador hablando y riendo con los amigos contando las batallas del día y terminando de recibir aplausos y críticas, cuando paso lo inesperado.

Una ventana se abría en mi ordenador, cosa inusual, era ella, después de mucho tiempo me escribía, se me hizo muy raro, pero tan solo me felicitaba por el libro, anonadado, perplejo, entusiasmado, me hablaba la mujer de la cual un año antes me había enamorado.

Rocío una amiga de hace tiempo con la cual no había tenido mucho trato Rocío, , madre de dos hijos que ella en soledad cría, en el amor y la verdad de la vida. Mujer solitaria de pocas palabras, reacia a mostrar los sentimientos por miedo a ser nuevamente por amor dañada de la cual en silencio vivía enamorado se había enterado en México de que mi libro había sido publicado y aun con el miedo y su timidez en el cuerpo decidió elogiarlo. Me envió un mensaje por un privado del sitio en el que estaba conectado enhorabuena me decía por fin la vida te sonrió en algo, cierto era esto que Rocío me contaba, por una vez la vida me sonreía, pero la conversación hay no terminaría, no sé si por las locuras del día, la emoción del libro, el coraje que en mi cuerpo había en ese instante pasaría algo que cambio todas nuestras vidas.

Sin dudarlo tecla en mano me dispongo a decir gracias, cuando de mí nació un te amo...

Ella tembló al leer esta palabras más yo le dije de ti estoy enamorado desde hace más de un año. Las carcajadas de Rocío rompieron el silencio guardado tú estás loco chico me respondió, mientras al mismo tiempo me tomaba de la mano.

¿Cómo vas a estar enamorado de mí? me decía si apenas nos hablamos

Cierto, le respondí, pero vivo enamorado de ti desde el primer momento que te vi, aquel día hace ya un año sentada tu en tu casa viéndonos por este aparato extraño, cuando te vi mi corazón dio un vuelco, mis pulsaciones se dispararon y desde aquel día vivo enamorado, te busco, te vigilo, te observo pero mi timidez y miedo no me permitían decirte que te amo.

Estás loco me decía ella, no creo que por aquí y viéndonos tan poco te hayas enamorado de mi. Déjame es tarde quiero dormir ya no son horas de tonterías.

No, Rocío, le respondí yo, no son tonterías y esta vez no te dejare ir, es hoy o nunca, llevo un año esperando este momento y otro día no te podre decir estas palabras que del corazón me nacen y que por locura tu tomas, así que te lo diré una vez más te amo y quiero que vivas conmigo el resto de la vida.

Rocío en ese momento comprendió que aquello que le decía era cierto, que no era cuento, que la amaba y que no podía quedar así en el momento la cosa, por un rato se fue, me pidió que la esperara, no se que pensara o tramara, pero hay estaba yo a altas horas de la mañana esperando tras la pantalla el regreso de la mujer que amaba.

Mis manos sudaban, la ropa me molestaba, el frío de la calle no era nada para el calor que mi cuerpo en ese momento expulsaba, que nervios que larga espera y Rocío que no llegaba. Yo pensaba se fue lo tomo como una tontería, ya me disponía a ponerme el pijama para ir a la cama cuando otro mensajero del ordenador timbraba.

Rocío, era ella, me llamaba, por fin la oportunidad que esperaba. Mis nervios aumentaban conforme al ordenador me acercaba ¿qué me diría esta vez? si ya mi carta estaba jugada.

Respondí y hay estaba tan bella con una blusa de tirantes negra, el pelo suelto y sus ojos con un brillo por mi nunca visto antes, explícame me dijo que es eso de que amas.

Y aquí llega la explicación más difícil que en mi vida he tenido que dar, si Rocío te amo, cuando te conocí hace un año tu tenías pareja y podía meterme en medio, te di distancia y tiempo aunque te buscaba todas horas veía todo lo que hacías, te seguía en las redes sociales, contemplaba tus fotos y en silencio este amor yo guardaba, suena rato pero verte solo un día hizo que mi corazón por ti se volcara, inventaba escusas, pretextos y cosas para poder hablarte saludarte y saber ti pero tenías pareja, hoy al felicitarme por mi libro

me dijiste que lo tuyo había terminado
que ya nadie ocupaba tu vida y yo sí
quiero ser la persona que llene tu vida
hasta el fin de tus días.

El silencio se hizo de nuevo pero ya nos
mirábamos el uno al otro a través de la
cámara (esta será nuestros ojos el resto
de la vida).

De pronto de sus labios salió un no te
creo, porque mí también me gustas
desde el día que te vi y si esto que me
estas contando no es cierto me harás

mucho daño y la verdad no estoy para tonterías, no Rocío le dije, en verdad me gustas quiero que seas mi pareja, solo tu desde hace mucho tiempo llenas sin saberlo mi vida y ya es hora de si tu aceptas comencemos una vida juntos.

No soy un príncipe azul, ni puedo prometer la luna pero si sé que mi corazón hace tiempo que es solo de una.

Ay!!! Daniel me decía ella con cara de ternura, no estoy para estas cosas pues mi vida es muy dura, los niños, la casa y la distancia que no separa, no creo que funcione todo esto es una locura.

Sera una locura, le decía yo, pero no puedo evitar lo que siento, los niños se harán grandes, tanto los tuyos como el mío, la distancia ahora es muy grande pero te prometo que las acortaremos y estaremos el uno con el otro por el resto de nuestros días.

Ay!! Daniel es tarde y todo esto no me deja pensar, déjame descansar y mañana volvemos a hablar, que hoy no

estás bien y no sabes lo que dices ya,
¿cómo me vas a amar?

Prométeme que mañana hablaremos yo
aquí estaré en tu despertar, así le dije y
ya no supe mas, ella se fue y hay quede
yo con mi soledad. En que hora la deje
marchar, mil pensamientos por mi
cabeza comenzaron a rodar, esta noche
nunca se iba a terminar, mi cabeza no
paraba de divagar, mi corazón estaba
mil por hora y no sabía si Rocío se
conectaría al día siguiente, si todo
quedaría en esta conversación tenida.

Ains que sufrida espera, que larga mi agonía, pero no terminaria hay la noche pues en México, Rocío, tampoco dormía, estábamos el uno pensando en el otro sin saber que pasaría.

Yo desde la cama tumbado veia del ordenador y su pantalla, toda la noche conectado, esperando que Rocío regresara para seguir conversando, estando ya medio dormido de nuevo sucedió el ordenador sonó, era ella que me buscaba nerviosa, tampoco podía dormir con tanta excitación, no podía esperar a mañana, (la verdad que yo tampoco), así que me levante de la cama y abrí de nuevo esa ventana y comenzamos de nuevo a hablar.

Hola Rocío dije sin pensar, antes de nada déjame contigo hablar, llevo un año que no vivo pensando en ti, mirando lo que haces, siguiendo tus pasos en la distancia oculto, veo todas tus fotos y las guardo en mi ordenador, le decía yo, tal vez pueda parecerte un enfermo pero no es así, solo sé que te amo y hasta hace un rato pensé que jamás sería capaz de podértelo decir. Ya sé que suena descabellado que estamos muy lejos y que la distancia, lo nuestro podría estropearlo pero cuantas parejas hay hoy en día por internet dame una oportunidad y déjame que te demuestre que te puedo amar.

A lo que ella me respondía, Daniel, llevo rato pensando en lo que me has dicho y en lo que callas, en tu forma de actuar, quiero que sepas que yo también me sentí atraída por ti el primer día que te vi, pero era eso una simple atracción yo tenía pareja y para nada pensé que a ti te pudiera gustar, y ahora después de tanto tiempo me pides una relación en la distancia, no sé yo. Pero aquí estoy porque tampoco puedo dormir pensando lo que me dijiste, tú me gustas y creo que lo podemos intentar.

Gracias le respondo yo, porque realmente es difícil de comprender esto que por ti siento y mas difícil tener una relación con tanta distancia de por medio. Como dices conozcámonos, démonos tiempo y a ver qué pasa pues yo creo que esto puede funcionar y te prometo que te hare muy feliz, ahora yo creo que ya podre dormir, estaba de los nervios esperando que conectaras, ahora que sé que me das esta oportunidad al fin podre descansar.

Yo también iré a dormir dijo Rocio al despertar te busco ya quiero saber más ti y comenzar esto que me dices será una larga relación, por que los hombres me han hecho mucho daño y no me gustaría sufrir de nuevo por este amor descansa, un beso.

Ya en la cama más tranquilo pero sin dormir dando gracias a Dios por este maravilloso día en el que lo que menos me importaba era que había publicado mi primer libro.

Estaba feliz pues había conseguido decirle a la mujer que amaba lo que sentía por ella y aun mejor me había respondido y me había dicho que íbamos a intentarlo, ahora viene la peor parte y es conseguir mantener la relación así que seguís sin poder dormir dándole vueltas a este nuevo reto de mi vida y así pase toda la noche divagando.

A la mañana siguiente me levante muy temprano, me duche, me arregle y me acicale, como si de una cita en persona se tratara, y me fui al ordenador, hay estaba yo sentado a la espera de ver a mi amor, necio de mi que no contaba con las horas de diferencia y estaba esperando una mujer que hasta siete horas más tarde no llegaría.

(Este el primero de nuestros problemas, la diferencia de horas acostumbrase a las siete horas de diferencia cuando yo estoy por acostarme ella apenas se levanta mala baza para una relación pero somos fuertes y en unos días estábamos acostumbrados a esto, fijamos unos horarios en el que ambos estábamos conectados para poder estar juntos el mayor tiempo posible, jamás viví dos días en uno como los viviría desde este momento. Agarramos el horario de México como referencia y la veía en la mañana, tarde y noche, con la consecuencia de no dormir, pero eso es lo de menos importante).

Que día más largo ya podéis imaginar yo peripuesto y ella sin llegar, ya no sabía qué hacer mi habitación se quedaba pequeña, apenas cuatro pasos en ella daba, que desesperación cuando llegaría la hora de volver a verla, que le diría, ese era mi pensar cómo actuar o que decir y ella aun sin llegar.

La desesperación se apoderaba de mí, no sabía ya que hacer, llegaba la hora de comer y no sabía nada ella, mi mente la llamaba a gritos, ya quería estar a su lado, los nervios cada vez eran más acentuados, las locuras en mi mente más evidentes. La hora de merendar llegó yo había intentado echarme siesta, pero fue imposible los nervios me podían, el día cada vez se hacía más largo y ese día en un rato tenía que trabajar.

Rocío no lo sabía y yo tenía miedo de que llegara y no me encontrara, la hora del trabajo se aproximaba, los nervios aun mas aumentaban y esta mujer que no se asomaba por esta nuestra ventana. Tras un ratito más de espera apareció, se estaba ocupando de sus hijos que tenían que ir a la escuela eran las

20 horas de España apenas la 13 h allí en México y yo estaba desesperado y para ella no había hecho más que empezar el día.

Pero por fin, había llegado la mujer que todo el día en vela me había tenido, guapa ella con una blusa blanca, un pantalón vaquero negro y su pelo recogido que dejaba ver libre de tapujos su cara.

Allí estaba yo perplejo mirándola ella sin más me saludaba, preguntaba por cómo había dormido, yo le conteste que no había dormido, que los nervios no me dejaron, que jamás había tenido una relación de este tipo y me daba miedo que no funcionara.

Ella me tranquilizo, me dijo que no pasaba nada, aun no se creía que a mí me gustara, pero la realidad es que ahi estaba , ya era un hecho del presente, la noche antes la había mirado de frente y hablado con ella todo lo que sentía.

Ahora con ella delante solo quedaba hablar para conocernos y profundizar un poco más. Yo le preguntaba y ella respondía sin ningún tipo de problema, la cosa iba viento en popa, hacía más de dos años que se había separado de su marido, tenía dos hijos, los cuales vivían con ella en la casa que había comprado con su ex pareja, nadie había en ese momento en su vida, aunque yo no podía creerlo todo era perfecto, ella una mujer libre con su historia, pero libre, y yo no lejos de dejarla atrás también había salido de una relación de la que tengo un hijo así pues hasta el momento empatados estábamos en el tema de amores pasados.

Las preguntas continuaban eso parecía un interrogatorio, pero ninguno de los dos queríamos callar y ambos del otro queríamos saber.

Sin darnos cuenta las horas pasaban uno al lado del otro era día 5 de abril, nuestro primer día juntos y entre dudas y preguntas la hora de trabajar llego, maldita sea, justo cuando más interesante estaba la conversación otra despedida, le pregunte si tenia algo que hacer, ella me dijo que las labores de la casa, por favor le pedí que me esperara, pues no quería dejar pasar un segundo sin estar junto a mi amada.

Así pues quede con ella unas horas más tarde sabia que ese día no dormiría pero no podía ya separarme de ella, era la mujer de mi vida y no podía dejar que se me fuera.

En el trabajo estaba desconocido, nervioso como ido, no podía dejar de pensar en que en este día había vivido y que en casa me esperaba la mujer, que de por vida sería mi amada.

Comente con los compañeros de trabajo lo que me pasaba, que le había dicho a una mujer de muy lejos que me gustaba, que intentaría una relación con ella en la distancia, el que menos de loco me trataba, todos decían que eso no llevaba a nada, que en internet la gente no se enamoraba, que el amor no se encuentra en esta que yo llamo al mundo nuestra ventana, en definitiva que estaba loco, que ni siquiera lo intentara.

Así pase la tarde entre comentarios y pitorreos pero yo estaba muy tranquilo porque sabía que en casa, Rocío, para conocernos un poco más me esperaba.

Los clientes que nada sabían me decían que alegre me encontraban pero no sabían que el amor a mi vida ya llegaba.

Llegando a casa estaba Roció esperando en nuestra ventana, esta vez mas ocupada pues sus hijos ya estaban en casa y entre el ir y venir la noche se nos echo encima, teniendo que cortar la conversación, pero de ella supe en ese rato que era una mujer tierna, dulce que se enamoro muy joven y que no había conocido más hombre que a su marido, el cual no la trato nada bien y aunque no había vivido mal, él la hizo mil perrerías.

En este día conocí a sus hijos, uno de trece años estudiante de secundaria, alto, moreno, de ojos oscuros y a su hija de ocho años, mas poquita cosa pero muy mona, con el pelo claro y ojos grandes, buenos estudiantes ellos, la verdad que muy guapos aunque algo rebeldes, ella también se intereso por mi hijo, por cómo había sido mi relación anterior, por las cosas que había vivido, en cuatro preguntas las más importantes de mi vida, pues una vez resuelto el tema de gustarnos y aceptar estar el uno con el otro, primero en la distancia y más adelante juntando nuestras vidas llegaremos a conocernos muy bien el uno al otro.

De esta forma llego mi hora de dormir, gran tristeza a la hora de separarnos pues como antes os decía no nos habíamos dado cuenta de los horarios, la cosa es que me fui dormir y en hasta en sueños estaba hablando Rocío.

Al despertar, corrí al ordenador a mirar si aún seguía allí mi amor pero no fue así ya dormía ella y no sabía a qué hora despertaría, nuevamente volvieron los nervios de no saber cuándo volver a verla, pero a mi entender no estaba mal el comienzo ya conocía varias cosas de ella, algo de su

43

vida a sus hijos, y alguna que otra anécdota que el día antes había surgido.

Mi día continuaba entre las tareas de la casa, cuando de repente suena la ventana, era Rocío que se había levantado de la cama por que me extrañaba, si me extrañaba, que palabras para mis oídos en estos momentos, ella se había ido a la cama con la cosa de que no me había visto despertar y no podía tampoco hacer las cosas pensando si no me vería por yo tener que trabajar, así que ambos nos pusimos charlar de nuevo esta vez hablamos de la familia de los padres y hermanos. Ella tenía dos hermanas mas y me estuvo contando algunas anécdotas de cuando las tres salían juntas de bares, que miedo me dio pensar que esas historias se podían volver a repetir y yo quedarme sin mi amor.

Llego de nuevo la hora de trabajar y en este momento nos dimos cuenta de que teníamos que organizar nuestros horarios, que si queríamos estar juntos teníamos que concretar cuando podíamos vernos y en que momentos estábamos ocupados así pues Rocío decidió que nos guiáramos por el horario de México lo cual significaba que yo la vería a las 12 de la mañana cuando despertara a los niños, después de eso hacer las tareas y pasar dos horas juntos por que entonces era yo el que la abandonaba para salir al trabajo, regresando como alas 6 de su tarde no veríamos otro rato, ya que en poco yo tenía que dormir para despertar temprano y poder darle las buenas noches cada día, así pues se terminaron los nervios por cuando saber el uno del otro.

Por petición suya mantendríamos entre nuestros conocidos de internet esta relación en secreto, por lo cual con nadie podía comentar que estábamos juntos, que la esperaba o que la veía, parece rara esta situación pero la explicación es muy sencilla si de locos nos trataban nuestros amigos por decirles lo que pasaba qué dirían nuestros familiares si de todo esto se enteraran y esta es otra de las cosas que tuvimos como norma como casi un año antes de nuestros conocidos supieran que juntos estábamos.

Los encuentros se iban sucediendo uno tras otro tal y como habíamos planeado nos veíamos por nuestra ventana tres veces al día durante largas horas, a decir verdad de no ser por la distancia se podría decir que vivíamos juntos, nos saludábamos al despertar y al dormir, nos veíamos al medio día y en entre tanto ajetreo poco a poco nos íbamos conociendo mas, tanto que yo ya sabía que el mayor deseo de Rocío y que nunca había tenido era que le regalaran una caja de bombones, mil regalos le habían hecho, pero nunca bombones, así

que días antes de cumplir el primer mes
se me ocurrió que por que no iba a ser
yo el que se los regalara, aquí la odisea,
¿dónde vivía? a que dirección los
enviaba, donde los compraba y como los
pagaba si yo estaba en España.

Una vez mas esta bendita ventana,
mientras con ella hablaba, sus bombones
por las web yo buscaba, no fue fácil esta
tarea por que donde había bombones no
podía pagar, donde podía pagar no lo
llevaban a casa así que pase varios días
buscando hasta que di con la solución
una web que llevaba flores y chocolates

a domicilio y podía pagar ya solo faltaba una cosa encontrar el compinche que tuviera a Rocío entretenida el día que llegaran a su casa, hable con su hija le explique lo del regalo de su madre y a ella también le encanto la idea, así que con compinche de mi lado y todo preparado me decidí a hacer el envió para este cumple meses.

Ese día todo era alegría, recuerdo que hasta su hija, que sabia el regalo le llegaría, estaba nerviosa la pobre todo el día preguntándome cuando llegarían, para agarrar el regalo por si su madre no lo quería por la sorpresa, cuantas gracias he de darle a esa niña por lo bien que hizo su trabajo ese día.

Y así el 4 de mayo Rocío sin esperarlo recibiría en su casa un ramo de flores y una caja de sus bombones preferidos, no sé qué cara pondría al verlos si sé que cuando yo la vi aun lloraba de alegría, y lo que es peor me hizo llorar a mí porque aun habiendo tanta distancia de por medio por primera vez conseguía llegar de forma real a ella.

No podéis imaginar la felicidad que yo sentía, había conseguido que la distancia que nos separaba no fuera impedimento en una fecha que para nosotros jamás será olvidada.

La alegría en Rocío rebosaba, la felicidad, se dibujaba sin más en su cara, jamás antes vi una mujer así de ilusionada, durante horas solo fuimos capaces de mirarnos los dos sentados, uno frente al otro sin mediar palabra, todo lo decían las miradas.

Que mágico recuerdo guardo del momento en mi memoria jamás sentí tanta alegría y euforia, tres cosas había conseguido llegar a mi amor en la distancia, encontrar la forma de hacerle ese regalo que tanto deseaba y la más importante de todas hacer feliz a la mujer que realmente me importa, con esos bombones y las rosas que provocaron en ambos lagrimas de alegría sellamos de amor nuestro primer mes juntos, lo que nunca pensé que haría, lo había conseguido Rocío, en un solo mes que estuviera locamente enamorado de ella.

Poco a poco nos seguíamos conociendo
yo le contaba de mi vida pasada de mi
enfermedad esa esquizofrenia que tengo
y que por el momento me impide tener
una vida normal, le contaba de mis
ataques, ya tenidos, de las temporadas
de hospital pasadas, de los miedos que
por esta enfermedad tengo, en
definitiva le contaba todo porque ella
formaba parte de mi vida y siendo así
debía conocerme bien para saber con
qué tipo de hombre estaba teniendo una
relación, hablábamos también de los
libros que con ella estaba escribiendo,
(siendo de ellos Rocío es la portada), las

desventuras vividas con mi ex pareja, los problemas con mi hijo y familia en definitiva cosas que se cuentan las parejas cuando van cogiendo confianza.

Ella a su vez y de forma recíproca me contaba de su vida pasada de sus problemas con su ex, de cómo tiene que hacer para criar a sus dos hijos sola, ocuparse de una casa y mantenerla con lo poco que le quedaba de pensión por los niños ya que al ocuparse de ellos ni tiempo de trabajar tenia.

Así paso otro mes y de nuevo los bombones llegaron a su casa pero esta vez venían acompañados de una mala noticia el verano llegaba y yo viajaba, sería la primera vez que nos separaríamos en tres meses viéndonos día y noche, donde yo viajaba es imposible vernos y viajaba por mes y medio pero aun así no la abandonaría cada día le hablaría por mensajería para saber cómo estaba y hablar de cómo había ido el día.

Largos y duros días fueron estos la desesperación se llego a apoderar de nosotros solo queríamos vernos, y en ningún lado podíamos hacerlo, en este sitio no hay internet por lo cual en medio del campo me veía cada día cargado con una mochila, el portátil y el móvil, andando por el monte hasta encontrar una señal con la que poder conectar y no siempre lo conseguía. Que angustia la de aquellos días, estar en estos pueblos obsoletos de España en los que ni los móviles tienen de cobertura, una ralla vaya incomunicación para un país desarrollado como España, aun me enfada y eso que pasado el tiempo la situación porque aunque no lo creáis cada vez que he tenido que viajar ha sido a este pueblo abandonado de la mano de Dios.

Tras unos días de buscar la dichosa señal encontré un lugar que jamás podréis imaginar donde en medio de la naturaleza encontré una señal, era un lugar aislado lleno de arboles en una pradera cerca corría el río, desde allí se escuchaba su sonido, había un árbol caído este sería mi sentajo para todo el verano, desde allí conseguía hablar con ella, en medio de la nada quien lo iba a pensar, un lugar romántico en el que cuando consigamos estar juntos tenemos que visitar y así recordar que gracias aquel sitio ese verano nos pudimos hablar.

Por suerte aunque se hizo muy largo el mes y medio paso y todo sin darnos cuenta aun mas avanzo esta desunión que solo sirvió para juntarnos más, para hacer que nos amaramos mas y deseáramos no volver a separarnos jamás, aunque esto es un decir por sufriríamos mas separaciones.

El verano termino y todo volvió a la normalidad nosotros a nuestros horarios y amarnos sin cesar, estábamos cada vez mas entregados el uno al otro ya nada nos podía separar y así poco a poco mes tras me llego la esperada navidad.

Esta sería nuestra primera navidad y empezamos a planear de qué forma en la distancia lo íbamos a celebrar, pues para los dos esta no sería una celebración normal, ella en México yo en España y juntos queríamos cenar, así que decidimos hacerlo de la siguiente forma yo cenaría en su hora de comer y después yo desayunaría en su hora de cenar y por medio de nuestra ventana juntos podríamos estar. Pero como siempre que planeamos algo tuvo que pasar, que de esta forma no lo pudimos celebrar.

Es cierto, parece que tuerto nos mirara, cada vez que hemos quedado para realizar algo juntos a pasado alguna desgracia para que todo quede en nada, pero ya llegara nuestra venganza, cuando al fin estemos juntos y nada nos separe, ni se ponga entre nosotros distancia.

Eso si no hay navidad sin la llegada de los magos, y nuevamente el reto de que le regalo a esta mujer que en la distancia yo amo, pensando y pensando una luz se me ilumino en la cabeza por qué no regalarle un poema diciéndole lo que para mi significaba, así pues delante del ordenador me puse a escribir el poema que en esos días le iba u regalar, unos días más tarde el poema estaba registrado en los derechos de autor y puesto a su nombre con los

correspondientes certificados para que
fuera suyo en propiedad.

Eres

eres....

todo y nada

el principio y el fin

contigo nací y

contigo solo quiero vivir

eres.....

mi ángel bajado del cielo

mi diablilla subida del infierno

la mujer por la que soy bueno y en las

llamas por ella me retuerzo

eres....

la canción que siempre escuche y

el poema que jamás podre escribir

el hielo que me mantiene en vida y el

fuego que me da calor

eres....

el río de sangre que recorre mi cuerpo

y el cuchillo por el que la derramaría

la mujer por la que mi corazón suspira
y mi alma llama

mi reina, princesas pueden haber
muchas pero reinas solo tu

eres...

el abrir los ojos cada mañana tu imagen

en mi retina grabada

la mujer que en sueños de niño veía

esa que te amo al oído me decía

eres....

esa que me hacia suspirar

de adolecente a jugar conmigo

en la cama se metía inocentemente

eres....

el sueño que tenia

cuando por el mundo yacia

dando vueltas buscándote

por el más puro amor

eres...

esa mujer que nada me pide

porque todo lo que tengo se lo doy

la mujer con la que soñaba que mis hijos

conmigo educara

eres....

la mujer que le besaría la frente antes
de dormir y mirar al despertar

el trozo de corazón que le faltaba al mío

el pensamiento y mi pensar

la mujer que con sus palabras da el
descanso a mi alma

eres...

la mujer por la que me miro al espejo
cada mañana

por aquella que abro la boca para
nutrir mi cuerpo

la mujer que con su amor

aparta de mí los miedos las pesadillas y
los temores

el rezo echo a los dioses, el canto de los
pájaros, la brisa y el aire.

Daniel Rodríguez Herrera

Este fue mi segundo gran regalo para Rocío, el gran amor de mi vida, y así concluyo la navidad.

Seguíamos viéndonos continuamente sin dejar pasar un día ya nada de nuestra vida alrededor tenía importancia, si los amigos llamaban para salir con ellos ya no significaba nada preferíamos quedarnos en casa viéndonos por esa nuestra ventana.

Más secretos, por así llamarlos, el uno del otro íbamos sabiendo, las confidencias entre nosotros eran diarias, si una mosca en mi casa se movía enseguida yo se lo contaba, somos más que una pareja, ya que además de novios, somos grandes amigos, entre nosotros no existen los secretos ni las medias verdades y aun en la distancia nos tenemos gran respeto y confianza.

Pero de pronto me vino un revés, la esquizofrenia atacaba de nuevo, no sé bien lo que paso, pero un día me vi ingresado en el hospital, no fue larga la recuperación pero en sitios como este no hay ninguna comunicación con el exterior, en este tiempo escribí otro de mis libros, en el le decía cuanto echaba de menos a Rocío, cuanto la amo y lo mucho que la deseaba, ella estaba fuera sin saber nada ya imagino su impaciencia saber que estaba ingresado y no tener ninguna noticia pues no tiene otro contacto para saber de mí, un día me dieron tarde de paseo sin pensarlo agarre el teléfono para llamarla contarla y explicarle, ella lo entendió todo, sabía como estaba y que no podía hablarla, así que desde ese día cada vez que salía, mi tiempo era de ella, poco tiempo más estuve cuando ya me dieron el alta, me cambiaron la medicación para según ellos alargar la esperanza de que el siguiente ataque no fuera pronto.

Ya en casa hablando con Rocío, como si nada hubiera pasado, pues si algo me dijo muy claro un día ella en el pasado fue que no le tenía miedo a mi enfermedad y que sería capaz de

73

afrontarla conmigo y vivir con ella me pasara lo que pasara y así me lo demostró pues paciente por mi adaptación a estar fuera, mis cambios de persona y personalidad, ella siempre se ha mantenido a mi lado en ese sentido.

En este tiempo Rocío andaba un poco deprimida sin dinero, con problemas por su ex porque aunque separada no estaba divorciada, el marido la estaba haciendo la vida imposible y la pobre no tenía consuelo, yo la apoyaba y aconsejaba todo lo que podía, he intentaba ayudarla en la medida de mis posibilidades pero la verdad fue un buen momento en la vida de esta mujer.

En esto yo volví a recaer, nuevamente al hospital y lo que no sé por qué nadie me dice cuando me dan los ataques en que lo notan, nadie me explica que hago o porque me ven mal, la cosa es que esta vez sí pude avisarla, esta vez ella sabía que estaría un tiempo sin verla, que la vida nos separaba de nuevo y no tendría forma de saber de ella, por suerte solo estuve unas semanas y mientras nuestras vidas juntos continuaban.

Los meses avanzaban y otra gran odisea se me presentaba, nuestro aniversario se acercaba. ¿Qué regalarle a esta mi mujer amada? Pues tan lejos en la distancia no podía ser más difícil encontrar algo digno de un año de andanza.

Volví a mover Roma con Santiago, hable con su hermana y amigos entre todos sin que ella lo supiera buscábamos su regalo pero nuevamente, tras días de búsqueda a través de esta nuestra ventana encontré y compre sin dudarlo lo que sería su mejor regalo. Fue toda una locura, para el regalo necesitaba unos datos que nadie más que ella podía facilitarme, así que me lance a la aventura, entre en la web escogí lo que me gustaba, una vez más se lo hice llegar a su casa con tan mala suerte que se equivocaron en el día en la entrega y le llego una semana antes, ya ella con el regalo en la mano y diciéndole lo enamorado que estaba le pedí que aun antes de tiempo abriera el regalo y me dijera si le gustaba.

Era un anillo de oro blanco del todo labrado con una pequeña de piedra de puro diamante, nuevamente lo había conseguido, a sus manos había llegado el regalo, en ese momento y si en pensarlo le dije amor ¿concédeme tu mano?

Ella sin dudarlo un segundo me dijo que sí. Ahora estamos prometidos y por la distancia separados, que agonía estar así enamorados aunque nunca me quejo por ella y la historia es muy feliz he de recalcar que desde ese momento la distancia se nos hace más larga, ya el uno quiere estar al lado del otro y aunque ambos lo llevamos bastante bien ya hay ganas de acariciarnos las palmas.

Así pues nuevos retos se presentaban, el juntar dinero para estar juntos y poder casarnos. Yo meses antes había sufrido otro ataque y ya no tenía trabajo así que esta ardua tarea de juntar dinero aun se hacía más difícil, pero difícil no significa imposible y gracias a Dios tengo buena cabeza, tirando de unos amigos y un poco de entereza empecé a trabajar en el proyecto de mi vida, montar un servidor de internet, la idea no nos disgustó a ninguno de los dos por lo cual me puse manos a la obra y entre configurando, programando y pasando noches vela, siempre acompañado desde la ventana por mi damisela, en seis meses más estaba listo el equipo ahora faltaba poder montar la empresa y empezar a trabajar.

En esta ocasión mi fue mi hermano el que se digno a ayudarme el se hizo socio mio en el negocio para poder llevar todo mi plan acabo, asi pues empezamos los trámites para montar la empresa preparar los equipos en su ubicación y comenzar a funcionar, siendo este un problema ya que en el mundo de internet hay que ser grande y tener mucha publicidad para progresar y en eso estamos publicitando.

Durante este tiempo Rocío en sus des fortunios con su ex marido, por cuestiones económicas, entre otras cosas llegaba nuevamente el verano, que fastidio, otra vez al sitio ese donde para hablarla tengo que pasar horas caminando, entre nuestras malas comunicaciones y los problemas con su ex marido Rocío se ha ido de casa, volviendo con los niños a casa de su madre y está buscando trabajo, esta noticia me llega tras días estando yo en el pueblo, la preocupación invadió mi cuerpo, el amor de mi vida estaba sufriendo, tenía problemas y nada podía hacer para evitarlo.

Cada día la buscaba intentaba pasar el mayor tiempo posible con ella escucharla y animarla pero las palabras se quedaban cortas.

El verano se acababa Rocío sin trabajo estaba ya desesperada, por más que buscaba no encontraba la pobre caminaba de un lado a otro sin hallar nada, los niños empezarían las escuelas y ella al no tener trabajo cada vez estaba más agobiada. Entre tanto los papeles del divorcio con su ex marido negociaba, ella en casa de su madre sin trabajo y en esa situación yo no la decía nada, pero la verdad es que todo esto me preocupaba, no podía ayudar a mi amor en estos momentos que a mí me necesitaba y eso me frustraba.

Por entonces el servidor no funcionaba, había invertido medio año de mi vida en el proyecto y no funcionaba, aquella gente que dijo que con ella contara, me daba la espalda dejándome sin nada, yo también desesperaba por más que queríamos nada nos salía bien, ambos sin dinero con problemas viéndonos por la ventana dándonos amor, cariño y compresión eso es lo único que nos animaba, aun en la distancia el uno al otro no dejaba, pues por mas tormentas que vinieran nuestro amor todas las campeaba.

Cierto es que la vida no nos sonreía, todo se nos ponía cuesta arriba, al fin Rocío encontró trabajo, no es lo soñado, pero estaba cerca de casa le permitía cuidar de los niños atenderlos como si ella no faltara en casa que alegría por fin una buena noticia, a Rocío de nuevo la vida le sonreía.

Era su primer trabajo y aunque ella tenía estudios antes nunca había trabajado, estaba contenta e ilusionada, por esta adquisición ya que tras la temporada vivida para ella esto es su salvación, al fin podía pensar en cuidar de sus hijos como se merecían.

Comenzó a trabajar en tres turnos por los cual los horarios que durante este año a nosotros no mantenían se fueron al carajo, teniéndonos que amoldar al nuevo estilo de vida de Rocío, si estaba de mañana no la veía, si era de tarde la podía ver dos ratos en el día y si era de noche tan solo uno en mi tarde por lo cual ya no nos veríamos todo el tiempo, había que amoldarse a los nuevos tiempos, madrugar y dormir tarde, incluso no dormir para poder estar juntos, pero esto tampoco fue impedimento, en unos días estábamos hechos a los horarios y nos veíamos como si nada hubiera cambiado, pasábamos las horas juntos contándonos lo que en el día había pasado, haciendo nuevos planes de futuro, planeando el estar juntos algún día. Pero estos cambios en nuestras vidas solo retrasaban lo que un día le prometía que pronto estaríamos juntos compartiendo nuestra vida.

Así llego de nuevo el verano y con el mi viaje cotidiano, un mes estaría alejado de nuevo de su mano, pero los adelantos iban llegando estando en el pueblo desde el móvil ya podíamos por mensajes ir hablando el día pasaba a él colgado cada minuto nos decíamos mil palabras, cada segundo el amor se acrecentaba, este viaje ya no era problema para nosotros sí nos echábamos de menos pero estábamos juntos por mensajero, si uno tenía un problema rápidamente le contaba al otro para buscar una solución así sin más pasamos otro verano en ese pueblo de perdición.

A la vuelta el servidor seguía funcionando solo, pero los clientes no llegaban a mí la desesperación por todo esto pasado me entraba, por más que hacía por más que publicitaba, por más que decía entre los conocidos nada con seguía, la idea que en el pasado nos parecía buena ya de nada nos servía.

Así que vuelta a pensar que hacer porque si algo no pensábamos, era desistir en nuestra idea de estar juntos algún día y pensando a la cabeza otra idea nos vendría, aprovechando la infraestructura del servidor y teniendo casi todos los medios a nuestro alcance nos decidimos a montar una radio en internet en la misma página del servidor de esta forma esperábamos ganar visitas hacernos publicidad y conseguir algún cliente, aparte de la venta de publicidad de la radio pero todo esto no serian más que mas problemas por que quien se ocuparia de la radio, de donde sacar locutores que emitieran todo el día, un mundo nuevo a nosotros se nos abría, lleno de interrogantes sin saber que hacer cada día pues todo este mundo era nuevo para nosotros y la verdad del todo desconocía, se montaron los programas y unos amigos emitían más trabajo sobre mi caía pero no importaba por que el fin de todo esto es estar con Rocío algún día.

Rocío y yo hablábamos cada día y aunque mas desilusionados hay continuábamos sin separarnos el uno del otro haciendo imposibles por pasar un rato juntos cada día, ella se levantaba pronto yo me acostaba tarde los problemas entre tanto nos contábamos par ser el uno el apoyo del otro, en todo este tiempo yo no había dejado de escribir, en dos años llegue a escribir seis libros, gran engaño el mio lo que había empezado con ilusión tampoco reportaba dinero, mal vivia invirtiendo en negocios que no tenian sentido la vida era perfecta por que contaba con el amor de Rocío, pero lo cierto es que es que apunto estaba de darme por vencido, de decir hasta aquí llegue y no puedo más, por más que intento encontrar la felicidad todo son revés que nos ponen cada día un poco más atrás solo nuestro amor crecía cada, el uno al otro más entregado cada día, el faltar de uno eran las lagrimas del otro ya no sabíamos hacer nada el uno sin el otro, maldito dinero que no teníamos, porque Dios nos enamoro y puso tan lejos al uno del otro, si lo único que queremos es vivir la vida en compañia del otro.

De nuevo la navidad se acerca ambos le pedimos al nuevo año que todo cambie

que nuestros deseos se cumplan y que
nada nos separe, como el año anterior
hicimos planes esta vez de celebrar por
dos veces el fin de año, a nuestros hijos
les dijimos, que así lo haríamos, las dos
familias estaban están ilusionadas al fin
conseguiríamos hacer algo juntos algo
fuera de lo normal que llenara nuestras
vidas, pero ese mismo día 31 la desgracia
sobre nosotros caería, un personaje
indecente mil mentiras a Rocío
contaría, yo pensé que la perdía , la
noche mágica en tragedia se
convertiría, Rocío enfada, ya no me
quería hablar, yo le contaba la verdad,

95

pero ello no quería razonar, el fin estaba cerca no lo podía soportar, el amor de mi vida llega a su final. nos sabía que hacer o que decir todo el mundo se me caía encima, derrumbado llorando en la cama con un ataque de nervios y sin poder hacer nada, que infortunio más grande, que desolación mas descabellada, tan solo la vida quería quitarme ya vivir no significaba nada.

Vaya noche más desgarrada, que mañana mas angustiada cuando de nuevo sonó la ventana era Rocío ya más calmada, hablamos y nos dimos cuenta que todo aquello era una patraña, Rocío me perdonaba, pues todo venía de una historia de años antes ya pasada, pero la crueldad de aquella persona por poco me hace perder a mi amada, tras largas horas de conversación y con Rocío habiéndome perdonado por todo lo pasado continuamos nuestras vidas juntos, haciendo caer esta navidad en el olvido, como de costumbre cada día nos veíamos cada rato nos hablábamos y cada vez que podíamos un poco nos amábamos los meses avanzaban y nuestra vida juntos continuaba nada de lo planeado funcionaba, el servidor sin clientes la radio parada, Rocío con problemas en el trabajo pero nuestro amor de crecer no paraba, cada día mas compenetrados, cada día mas unidos, apoyándonos el uno en el otro como si la distancia no nos separara.

Así pues llego la primavera, a la vista de un nuevo aniversario, tome en mi regalo la delantera, un libro a Rocío le escribía, pocas páginas tendría, pero en el reflejada una historia de amor, pues el silencio que ante amigos era guardado, ahora tiene que ser gritado y aquí me encuentro sentado contado al mundo y a tí que me estás leyendo esta nuestra historia, pues no somos la primera pareja que algo así vive pero estamos seguro que nuestro al final lograremos nuestro deseo, porque solo nuestro destino es el estar juntos.

Dedicado a

Rocío Maribel Martínez Gómez

Te amo con todo el alma espero que nuestro segundo aniversario sea el más feliz de nuestros días.

www.ingramcontent.com/pod-product-compliance
Lightning Source LLC
Chambersburg PA
CBHW071102090426
42737CB00013B/2436